SV

Band 592 der Bibliothek Suhrkamp

Jean Gebser

Lorca oder das Reich der Mütter

Erinnerungen an
Federico García Lorca
Mit dreizehn Zeichnungen
des Dichters

Suhrkamp Verlag

Erste Auflage 1978
Lizenzausgabe mit freundlicher Genehmigung
der Deutschen Verlagsanstalt

Druck: Nomos Verlagsgesellschaft Baden-Baden
Printed in Germany

Lorca
oder das Reich
der Mütter

I. DER SOHN

Er war Andalusier. Die Landschaft des maurischen Granada, aus der er geboren wurde und in die er zurückstarb, ruht unabdingbar hinter seiner Dichtung. Gleichgültig, ob er sich der volksliedmäßigen, der romanzerohaften, der surrealistischen oder der klassischen Form in seinen Gedichten bediente, immer ist diese Gartenlandschaft mit ihren Oliven und ihren Mandelbäumen, mit ihrer Minze und ihrem Mond, überschattet von der weglosen, schneebedeckten Sierra Nevada, die sie im Süden vom Meere trennt, gegenwärtig: eine schicksalsschwere, unerbittliche Traurigkeit über den verführerischen Versuchen des Lächelns.

Von der Mutter, der Großmutter und einer alten Tante erzogen, vom Vater geschlagen, der jedes Buch zerriß, das er bei seinem Sohne fand,[1] war es das Reich der Mütter, das ihn prägte und aus dem er nie herausgetreten ist. Im Moment, da er es hätte versuchen können, um die Lebensmitte, erfüllte sich sein Schicksal.

Dieses doppelte Verwurzeltsein in den

nachbarlichen Reichen, dem der Landschaft und dem der Mütter, gibt seiner Dichtung jene einzigartige Stärke und jenen besonderen Zauber, die sein Werk zum bedeutendsten der neuen spanischen Dichtung, der Generation zwischen den zwei Kriegen, machten. Aus dieser Doppelnatur erwuchs ihm trotz allen Verspieltseins, trotz allem nur Bezaubernden jene strenge Echtheit und jene dichterische Geballtheit die ihn zum spanischsten Dichter dieser Zeitepoche werden ließ, zu dem Dichter, der die stärkste und breiteste Wirkung von allen hatte.

Als er in Granada, während des ersten Krieges, zu studieren begann, wurde Manuel de Falla auf ihn aufmerksam, der ihm bis zu seinem Tode die Freundschaft hielt. Ohne die Kenntnisse, die ihm de Falla vermittelte, hätte Lorca nie die an Gitarrenakkorde anklingenden kleinen Klavier-Arrangements für jene alten Volkslieder schreiben können, die er in ganz Spanien sammelte. Und es ist sicher kein Zufall, daß es vornehmlich Wiegenlieder waren, denen sein Interesse galt,[2] sowenig es ein Zufall ist, daß er vornehmlich unter dem Mutter-Namen Lorca bekannt wurde. (Rationalisten werden einwenden, es läge daran, daß der Vater-Name García ein zu häufiger Name in Spanien sei, aber damit erklären sie den Sachverhalt nicht.)

In Madrid, wo er nach dem Kriege seine Studien fortsetzte, ging er eine gute Kameradschaft mit seinem Mitstudenten Salvador Dalí ein; Dalís surrealistischer Stil schimmert immer wieder in Lorcas Dichtungen durch, und auch in jenen spielerischen Zeichnungen und kleinen Bildern, die er hin und wieder malte. Über einige dieser Zeichnungen sprechen wir auf diesen Seiten.

Noch in Granada veröffentlichte er sein erstes Buch, das einzige Prosabuch, das er geschrieben hat: stimmungsvolle, romantische Landschaftsschilderungen. In Madrid erschien dann, 1921, sein erster Gedichtband, der ihm erste Bewunderer zuführte. 1927 veröffentlichte er eine zweite Gedichtsammlung, in Malaga, der Geburtsstadt Picassos, der ihm, da in beiden der maurische Einschlag nicht unbedeutend ist, wesensverwandter ist, als es auf den ersten Blick erscheinen mag. Gleichzeitig mit diesen Gedichtsammlungen entstanden einige Kasperle- oder Marionetten-Stücke, die aber erst sehr viel später veröffentlicht wurden. 1928 erschien dann sein »Romancero gitano«, der »Zigeuner-Romanzero«, der ihn mit einem Schlage sichtbar machte: ganz Spanien, arm und reich, rechts und links, Grande und Bürger, jubelte ihm zu.

Dieses Buch steht gewissermaßen für sein ganzes Werk. Die dramatischen Schauspiele, die er später noch schrieb, und alle späteren Gedichte, selbst jene, die auf die surrealistische Ausdrucksweise verzichten und gewollt die klassische Form eines Gil Vicente, Lope de Vega oder Góngora aufnehmen, haben ihren ersten Kristallisationspunkt in dieser Sammlung modernster Zigeuner-Romanzen.

Es sind die nächtlichen Farben: Olivgrün, Braun, Schwarz und Silber, die in seinem Werke vorherrschen; sie sind die Farben der andalusischen Nacht. Und die Nacht ist es, die immer wiederkehrt in seiner Dichtung: die Nacht, der Mond, der Stier (jenes Abbild des nächtlichen Minotaurus), und jene beiden anderen Tiere: Pferd und Hund, die, alter Überlieferung gemäß, Tiere der Unterwelt sind. Neben dem scharfen Klange des

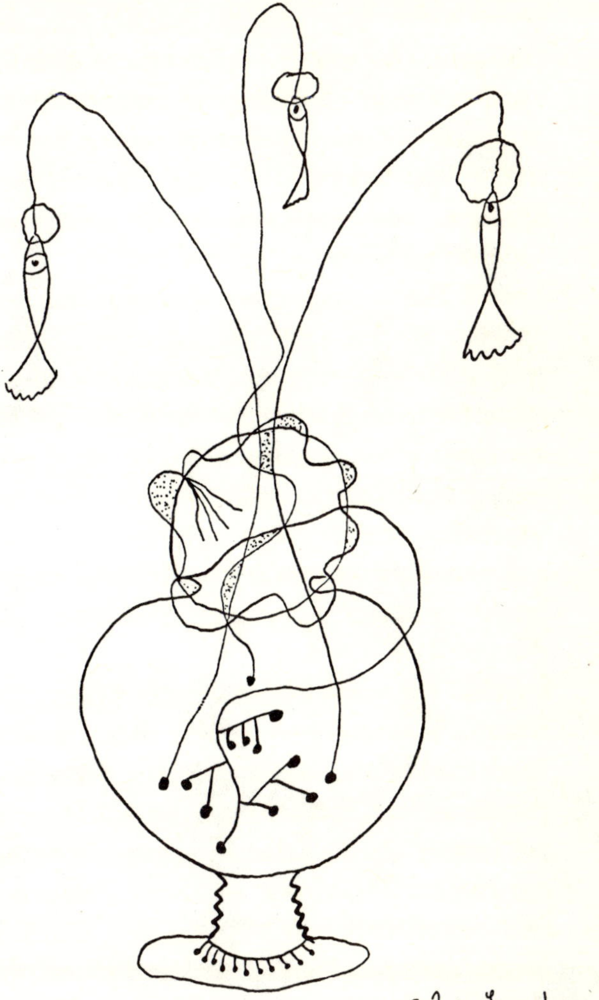

Wortes »sangre«, das wenig mit der Dunkelheit des deutschen Wortes »Blut« zu tun hat, trotzdem dies so nahe neben »Blüte« steht, sind es »la muerte«, der Tod, und »el monte«, der Berg (die unüberwindbare Mauer, die sichtbar gewordene Schwere und Unverrückbarkeit der Erde), die in immer neuen Variationen seine Worte der Klage, ja selbst der Anklage sind. Aber diese Schreie sind keine haltlosen Schreie, sondern geschliffene Messer, und selbst im Tödlichen liegt noch das Spielerische und Bezaubernde, so wie auf der silbernen Klinge, die töten wird, das silberne Licht des Mondes sein trügerisches Irrlichtern vollführt.

Wie seine Dichtung, war er selbst: leidenschaftlich und doch streng, verspielt und doch bezaubernd, im tiefsten Grunde verantwortungslos als Mensch, und doch dazu berechtigt, da er in die Verantwortung niemals hinausgetreten war, da er immer die duldende und erduldende Stimme des Volkhaften, der Landschaft und des um Erlösung flehenden Reiches der Mütter blieb. Launenhaft in des Wortes eigentlichster Bedeutung: mondhaft; nicht umsonst ist es immer wieder der Mond, der durch seine Dichtung geht, jene »luna«, aus der das Wort »Laune« sich ableitet.

Ausdruck dieser untergründigen, ja abgründigen Welt gewesen zu sein, fast nicht Person, sondern Zustand, nie Besitzender, sondern stets Besessener, rückhaltlos den stummen Stimmen geöffnet, die in ihm Klang werden wollten und wurden: das war sein Schicksal, seine »suerte«, die sich immer wieder in seinen Gedichten auf »muerte« reimt. Und dieses Schicksal erduldet zu haben, ihm nicht ausgewichen zu sein, trotz der äußeren glänzenden Erfolge auf dem Theater und auf den amerikanischen Reisen zu Beginn der dreißiger Jahre, sondern unbeirrbar weitersagender Mund des Nächtigen und Dunklen unter schmerzlichem Lächeln geblieben zu sein, manchmal koboldmäßig Verwirrung stiftend, wenn der unerlöste Schrei ihn fast zerriß: darin liegt seine Größe.

Im Juni 1936 beendete er sein letztes dramatisches Schauspiel, »La Casa de Bernarda Alba«. Wir begannen damals zusammen die spanische Übersetzung von Wedekinds »Frühlingserwachen«, das unter seiner Regie im Winter 1936/37 im Madrider »Teatro Español« aufgeführt werden sollte, und bereiteten die deutsche Übertragung seines Schwankes »La zapatera prodigiosa« auf Grund seines Typoskriptes vor (das sich noch heute in meinem Besitz befindet).

Eines Nachmittags – er stand, wie viele Spanier, wenn es nur irgend möglich war, erst am Nachmittag auf und wurde mit einbrechender Dunkelheit wach, um schlafen zu gehen, wenn das erste Morgengrauen sich ankündigte – eines Nachmittags, Ende Juni 1936, las er mir in seinem Zimmer, von dem aus man die alte Stier-Arena Madrids gerade noch sah und in dem neben Bildern aus der Schule Dalís eine Sammlung großer dunkelfarbiger Nachtschmetterlinge hing, sein letztes Schauspiel vor. »Du wirst sehen, es ist eine tolle Sache: ein Stück nur mit Frauen und ohne Mann. Ich frage mich; ob es nicht zu gewagt ist.« Und dann las er mit dunkeler, voller Stimme die Tragödie der nächtigen Welt: eine Beschwörung des Reiches der Mütter, wo Tod Leben ist und Leben Tod, wo sich das noch Ungetrennte selber zu zerreißen droht in Traum, Schlaf und Dämmer, wo das Unausgesprochene milde ist und zugleich rasend: wo das Bewußtsein das Chaos noch nicht geschieden hat, geschweige denn, daß die Erkenntnis die bewußtgewordenen Gegensätze in der Entsprechung wieder aufgehoben hätte. Er las ganz hingegeben, während die Schatten auf seinem olivfarbenen Gesicht zunahmen. Als er endete, dunkelte es.

Wir sprachen lange über dieses dramatische Schauspiel. Lorca wiederholte seine Zweifel, ob er die ursprüngliche Fassung bestehen lassen sollte. »Siehst Du, ich weiß nicht, ob ich nicht doch den Mann auch in Erscheinung treten lassen sollte. Ich werde es mir in Granada nochmals überlegen.«

Wenige Tage darnach fuhr er nach Granada, wo er etwa einen Monat später von den »Weißen« ermordet wurde: nicht die »Roten« töteten ihn, die Verteidiger der Erde, sondern die »Weißen«, die Verteidiger des Vater-Prinzips, das im autoritären Landesvater sichtbar wird. Ich weiß nicht, ob er in jenem letzten Monat seines Lebens, ob er dort in der Stadt seiner Geburt und seines Sterbens, doch noch eine zweite Fassung dieses Schauspiels versuchte, um noch die männliche Welt, ihren zerstörenden und

Die fallende Maske

zugleich befreienden Aspekt, hineinzuarbeiten. Er war damals 37 Jahre alt und stand selber vor der Entscheidung und vor dem endgültigen Abschied von einer Welt des Sohnes, der er fast zu lange Werkzeug und Stimme gewesen war. Doch ehe er noch, sichtbar und von sich aus, den entscheidenden Schritt vollziehen konnte, zog ihn das Schicksal hinunter, nahm ihn in das Reich der Mütter zurück, dem er die Sprache verliehen hatte wie kein anderer Spanier zuvor, und vergrub ihn im Stummsein.

II. DER ZEICHNER

Daß sein Tod, gerade dieser Augenblick seines Todes, kein zufälliger war, wie es erscheinen mag (was aber den Mord um nichts entschuldigt), das geht auch aus einigen der dreizehn Zeichnungen hervor, die er mir an einem der Juni-Nachmittage seines Todesjahres schenkte. Inwiefern die letzten der hier publizierten Zeichnungen eine Todes-Geneigtheit auszeichnet, darüber kann jetzt vielleicht etwas ausgesagt werden, nachdem die Grundstruktur seines Werkes und seines Lebens skizziert wurde. Leider gehört es zu den Untugenden unserer Zeit, daß sie glaubt, man könne alles auf die rationale Form reduzieren. Eine derartige Reduktion wird heutzutage ja selbst dort vorgenommen, wo musikalische oder malerische Werke interpretiert werden. Was aber ist eine Zeichnung? Danach muß gefragt werden, wenn man sie nicht einfach als Kunstwerk, sondern, wie im vorliegenden Falle, vornehmlich als persönlichen Ausdruck auffassen muß. Eine Zeichnung ist so wenig mit Worten oder durch Worte interpretierbar wie etwa eine Sonate. Zu beider Wesen gehört es, daß sie wortlose Äußerung sind, die sich zudem nicht der Logik des Satzes, sondern der ihnen eigenen Gesetze bedienen, also der Linie und des Tones.

Wenn man unter diesem Gesichtspunkt die Zeichnungen Federico García Lorcas betrachtet, so ist es offensichtlich, daß man sie weder erklären noch ästhetisch werten darf. Sie sagen nichts aus; so wie keine Zeichnung je etwas aussagt; aber sie zeichnen aus. Und auf diese Zeichen müssen wir das Augenmerk richten; deuten dürfen wir sie nicht, wohl aber dürfen wir andeuten, weil jede Linie einer Zeichnung eine Andeutung ist: ein Fragment der gänzlichen Zeichnung. Die Andeutung enthebt uns der rationalen Interpretation und stellt uns in die Konfiguration, die dem Bilde gemäß ist; sie stellt uns in die psychische Realität, der das Symbolhafte eignet. Das Wort, das übersetzend eine Zeichnung nachzeichnen soll, darf nicht den Charakter einer fixierenden Aussage, wohl aber den Charakter einer bildmäßigen Auszeichnung haben. Wir werden also versuchen, diese Zeichnungen als symbolhaften Ausdruck eines psychischen Geschehens und eines psychischen »Wissens« zu betrachten. Dabei ist es wichtig, darauf zu achten, welche Bedeutung bei jedem bildlichen Ausdruck der linken wie der rechten Bildhälfte zugesprochen werden darf. Seit Bachofen weiß die abendländische Welt wieder, daß die linke Seite die des dunklen, mütterlichen Prinzips, die rechte dagegen die des hellen väterlichen Prinzips, des Bewußtseins, ist. Die heutige Psychologie, vor allem seit Freud und dann bei C. G. Jung und G. Bachelard, ja selbst die heutige Biologie und Medizin, vor allem durch W. Fließ, haben diese uralte, irrationale Gegebenheit der rationalen Wissenschaft wieder dienstbar gemacht und empirisch die Richtigkeit dieses Sachverhaltes nachgewiesen, in dem sich allerdings nicht, wie man bisher glaubte, ein Gegensatz zu erkennen gibt, wohl aber die Polarisierung psychischer Wirklichkeit sichtbar wird. Die bildmäßige Logik ist eine mehr assoziative und keine gradlinige Logik: im Bilde stehen die grundlegenden Elemente symbolisch nebeneinander, im Wortgefüge folgen sie logisch-rational aufeinander.

Von den dreizehn hier reproduzierten Zeichnungen Federico García Lorcas wurden bisher nur die erste und die letzte einem kleinen Kreise bekannt: es sind die Vignetten, die Lorca im Frühjahr 1936 für meinen Gedichtband »Gedichte eines Jahres« zeichnete, der im gleichen Jahre erschien. Außer der zweiten Zeichnung, die aus dem Jahre 1927 stammt, also neun Jahre vor seinem Tode entstand, mögen die anderen größtenteils in seinem letzten Lebensjahre entstanden sein. Das Motiv der fallenden Maske wiederholte er mehrfach (siehe die Hinweise in der Bibliographie am Schluß dieses Bandes). Ganz hat er jedoch die Maske niemals abgelegt: das Ungreifbare des Engels, das Vielfazettierte des Pfauen verließen ihn nie. Er zeichnete mehr als diesen einen Engel (Zeichnung 3). »El tenía angel«, das heißt »er hatte Engel«, sagen die Spanier von einem, der Charme hat. Und Charme hat die vierte Zeichnung »Säule und Haus«, die auf eine bezaubernde Weise ein spiegelndes Spiegelbild seiner selbst ist: aus dem Labyrinthischen entwachsen die beiden Reiche, das des Vaters, die Säule, und das der Mutter, das Haus, die späteste

Form der urtümlichen Höhle. Oder weniger auf der vitalen Ebene ausgedeutet: das Ich schläft noch im Unterbewußten, in der linken, der dunkelen, mütterlichen Seite, während die Welt, die heimatliche, dazu noch erhöht im Lichte, auf der rechten Seite steht. Jedenfalls ist das Vater-Prinzip, aber auch das eigene Ich-Prinzip nur negativ anwesend; die Betonung liegt deutlich auf dem Wahrzeichen des Mütterlichen, das spiegelnd in die rechte Bildhälfte gestellt ist. Denn das Haus ist bergende Höhle und in einem gewissen Sinne auch Symbol des Kollektivs; es steht auch für das Volk, das bergender Körper für das Individuum ist. Hier deutet sich nochmals an, was und wer Lorca war: die traumhafte Wachheit seines Volkes. Und hier wird wohl auch der Grund dafür ersichtlich, warum dieses Volk von seiner rational nicht deutbaren Poesie irrational so tief angesprochen wird. Die wache Bildhälfte ist von der Heimat erfüllt, von ihr, die sonst der unbewußte Nährboden der ersten Lebenshälfte ist, und die Lorca überwand, nicht indem er selber zum Vater wurde, sondern indem er sich vom »Vater« töten ließ, von jenem, der die Bü-

Der Engel

cher des Jünglings zerriß und der, vervielfältigt in den Exponenten des Autoritären wiederaufstehend, das Buch seines Lebens zerriß. Der traumhaften Wachheit des Sohnes entwuchs er nicht mehr. Dergestalt war seine Wachheit Traum, sein Träumen Wachheit.

Und vielleicht löst sich hiermit auch das scheinbare Rätsel, weshalb auf den Zeichnungen 5 und 6 das Auge in einer vegetativen Konfiguration nichts mit einem wachen Blick erfaßt, sondern innerorganisch das unterirdische Geflecht des Lebens schaut: vegetative Formen, Wurzeln, Nerven, Adern, Urformen, sich ausstreuende Windrosen, während der Pfeil, der noch »hinter« die Dunkelheit zeigt, in die makellos weiße Fläche, in die Unberührbarkeit der Mutter oder in die anfanglose Leere. Der zeichnende Dichter zeichnet hier die Grundstruktur seiner Dichtung. Diese Grundstruktur ist das ungeschieden Vegetative, das in seiner Dichtung Stimme wird und Auge. Denn dies immer wiederkehrende Auge in seinen Zeichnungen (auch die Vignette, Zeichnung 13, und das Antlitz, Zeichnung 10, sowie einige der anderwärts publizierten Zeichnungen werden von ihm beherrscht), dieses weniger die Außen-Welt sehende, wohl aber die körperhaft trächtige Innen-Welt schauende Auge ist ein Wahrzeichen seiner Poesie. Auf die Frage nämlich, was Dichtung sei, antwortete er einmal: »Was könnte ich schon über Dichtung sagen? Was könnte ich von jenen Wolken, jenem Himmel sagen? Schauen, anschauen, sie anschauen, ihn anschauen und weiter nichts... Weder Du, noch ich, noch irgendein Dichter weiß, was Dichtung ist. Sie ist da: schau hin!«[3] Und so, scheint es, karikierte er sie auf der Zeichnung 7: ein Sumpfvogel, der an den unergründlichen Wassern des Lebens lebt: ein Vogel, in dem diese Wasser zu Flug und Atem, und damit zu Wort werden; sein Blick, nach unten gerichtet, ist der dunklen Seite zugewandt, der linken. Aber ganz unten das Hündchen, ein Witz von einem Hund, ein verniedlichter Cerberus, die Karikatur des Höllenhundes, aber trotzdem doch eben »unten« und ein »Höllenhund«: derart karikiert man nur, was einen zutiefst betrifft: es ist das Zerrbild jener Hunde, die, besonders in den Gedichten seiner letzten Zeit, nächtens den Mond anbellen und anheulen: der immer wiederkehrende Laut des Unerlöstseins, das immer wiederkehrende Bild jener merkwürdigen Beziehung zwischen Hund und Mond, zwischen dem Wächter des Totenreiches und dem Aufenthaltsort der ungeborenen und der gestorbenen Seelen, als den die Alten den Mond betrachteten,[4] der selber unerlöst ist, da sein Leuchten nicht von ihm, sondern von der Sonne abhängt. Die Sonne hat kaum Raum im Werke Lorcas, weder in seinen Dichtungen noch in seinen Zeichnungen. Beide neigen zur Nachtseite des Daseins. Und in den letzten Zeichnungen, die ohne Zweifel in den letzten neun Monaten seines Lebens entstanden, spricht sich aus, was ihm Erlösung ist: der Tod, den er vorausfühlt, den er anzieht, der schon in ihm ist. Denn, wie das Leben schon in uns wirksam ist neun Monate vor unserer Geburt, so ist der Tod schon wirksam in uns neun Monate vor unserem Sterben.[5]

Wieso – wird man fragen, ist in der Zeichnung 8, der er den Namen »Parque« gab, der Tod? Was ist der Park? Ist er nur ein von uns gepflegter Wald – jener zeittiefe Wald, aus dem die menschliche Gestalt hervorging, jener Wald mit seiner Dunkelheit und seiner Weglosigkeit, der in Mythen und Märchen für das unbewußte Leben selber steht? Was sind das für unausgeschluchzte Tränen, die in diesen Blättern fallen? Sind sie von jenem »reinen Wasser«, das, wie Lorca einmal sagte, sein Herz war?[6] Sind diese Tropfen das erste Anzeichen des Verfließens dieses lebendigen Wassers, das tropfenweise in den dunkelen Bereich des Lebens- und Todesbaumes zurückfällt, der im Zentrum der Zeichnung steht? Alles fällt dort, fällt nach unten und heimwärts. Und welche Erinnerung weckt im Spanischen das Wort »el parque«, wenn nicht jene an »la parca«? Wo das Leben so wenig zufällig verstreut ist wie auf dieser Park-Zeichnung, da ist der bloße Zusammenklang dieser Wörter desgleichen kein Zufall. Aber die »parcas« sind die drei Parzen, die Todesgöttinnen; und »la parca« ist in der dichterischen Sprache Spaniens Synonym für »la muerte«, für den Tod. Diese Zeichnung und die folgenden sind vielleicht die bildliche Vorausnahme seiner Erlösung, die in der Auflösung Gestalt annahm. (Und für diesen Tod darf man sich wohl einer derart para-

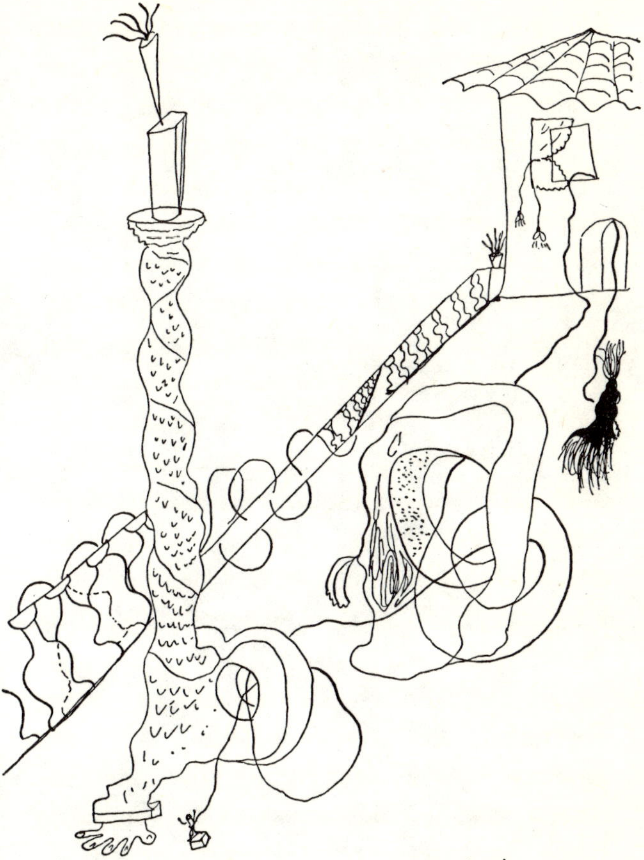

Säule und Haus

doxalen Formulierung bedienen.) Denn Auflösung herrscht in der Zeichnung 9, wo eine deutliche »8«, die Zahl der Wachheit, in der Nachtseite des Bildes steht, während die eigentlich wache, rechte Seite verfließt.[7] Weiß also die ungewußte »innere Stimme« schon von jenem Erwachen, das sich aus dem Tage zurückzieht und sich anderen Bereichen, als Tag und Nacht es sind, zuwendet? Es will so scheinen, denn die folgenden Zeichnungen bringen auf ihre Art das gleiche Motiv zum Ausdruck.

Ist dies (Zeichnung 10) noch ein menschliches Antlitz? Das rechte Auge, das des wachen Sehens, ist erloschen, das linke ist wie am Verlöschen oder wie nach innen gewendet und gleichermaßen blind, wie jenes auf der Vignette (Zeichnung 13), wo es die untere Region bewohnt, die bloß Vital-Sphäre ist. Das ganze Antlitz (der Zeichnung 10) aber drängt, sich auszuteilen: eine zerfallende Herzform, ein Herz, das schon Masken-Charakter angenommen hat, von Tropfen überstirnt, mit Schläfen, die der Schlaf flieht, ein Verströmen in die Uferlosigkeit, ein auflösendes Zerrinnen der Form in die umgebende makellose Leere. Und auf der

11. Zeichnung das erloschene Antlitz, über welches die Tropfen rinnen; und in ihm nur noch der Mund, aber auch dieser fast schon Blatt geworden, das, vom Baume geweht, morgen gänzlich erlischt. Und so erloschen sind die Hände der 12. Zeichnung. Denn was zeichnen diese abgeschnittenen Hände aus? Rein rational betrachtet, also allegorisch, sind sie Ausdruck der Untauglichkeit zu handeln: das durch die Hände getane Leben ist gestorben. In der mythischen Tradition aber sind solche Hände Symbol für einen Zustand außerhalb der Zeit, habe dieser die Form des Schlafes oder die Formlosigkeit des Todes. Wer sie zeichnet, »weiß«, daß er bereits dem Acheron angehört, dessen Name ja nichts anderes bedeutet als »das Land, wo man keine Hände hat« oder: »das Land, wo man die Zeit nicht zählt«.[8] Zudem ist die rechte (!) Hand auf eine bedeutsame Weise verstümmelt: sie hat nur vier Finger. Und die Qualität der Zahl »Neun« (hier die neun Finger beider Hände) war stets die seltsame Andeutung einer Erfüllung, und gleichzeitig – und insofern zeitlos – die Andeutung des Beginns eines neuen Zustandes.[9]

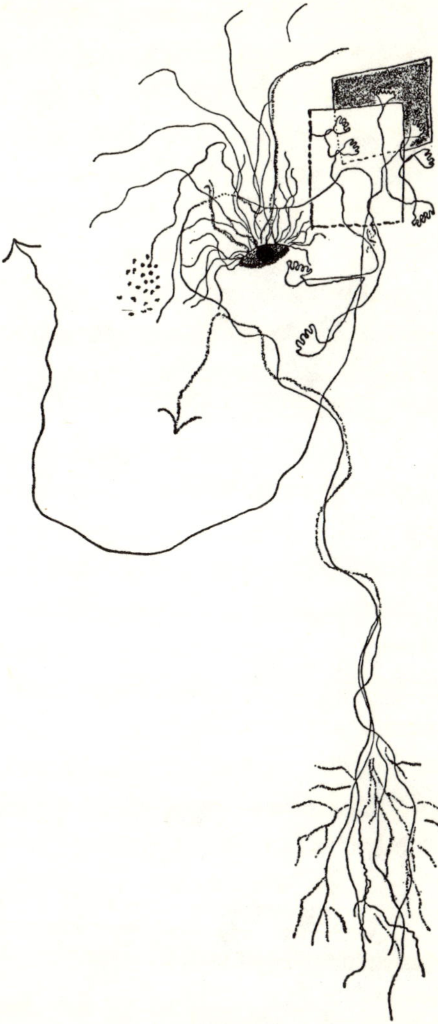

Das Auge

Auch Lorcas letztes Werk, »La Casa de Bernarda Alba«, und seine letzten Zeichnungen tragen das Zeichen des sich in ihm vorbereitenden Todes. Der Schauplatz des Schauspiels ist das Haus, die Welt der Mutter. Und in diese Welt zieht das mütterliche Prinzip den Tod hinein; so zog es auch Lorca nach Granada, der Stadt seiner Wiege, wo sich sein tragisches Schicksal vollzog: der Mord, der aufgezwungene und doch schon erwartete Tod. Dort in Granada, wo er ins Leben geboren wurde, schließt sich der Kreis: dort wurde er auch in den Tod geboren.

Man hat versucht, seine Stimme zum Schweigen zu bringen. Aber die Stimme des Dichters ist nicht an seinen Träger gebunden, den Träger konnte man vernichten: die verstummte Stimme des toten Federico García Lorca ist lebendiger und vernehmlicher, als es die des lebenden war. Und sie ist zusammen mit denen der Tausenden und Millionen, die wie er sterben mußten, ein Auftrag an die Überlebenden. Möge er verstanden werden.

Dieser Stimme des Dichters müssen wir nun unser Ohr leihen. Denn die Gedichte machen den inneren Bezug der Zeichnungen zu seiner Lyrik deutlich. Die deutschen Übertragungen, deren ich mich dabei bediene, sind mit Lorca selber durchgesprochen worden (siehe den Hinweis »Zu den Übertragungen« am Schluß dieses Bandes), und sie haben dadurch einen dokumentarischen Wert erhalten.

Landschaft

Der Nachmittag bedeckte sich mit Kälte
  aus Versehen.

Hinter trüben Fenstern
  sehen alle Kinder
  einen gelben Baum
  sich in Vögel verwandeln.

Der Nachmittag liegt ausgebreitet
an den Ufern des Flusses.
Und eine Apfelröte
zittert auf den Dächern.

Dieses Gedicht aus seiner frühesten Zeit, in dem die stumme Trauer seiner Kindheit aufklingt und Stimme wird, spiegelt das Traumhafte, jenes Assoziativ-Impressionistische, das allen Äußerungen zugrunde liegt, die aus dem andalusischen Elemente hervorgehen. Die Ausdrucksweise Lorcas und die sich in seiner Grundstimmung und in seinem Schicksal spiegelnde Welt sind solcher Art, daß jedes seiner Gedichte zumindest für den spanischen Menschen eine allgemeingültige Aussage darstellt. Dies gibt seinem Werke den verbindlichen Wert. Für den Nicht-Spanier mag jede spanische Äußerung etwas Befremdliches an sich haben; aber das Hintergründige, das im Spanier besonders vordergründig und betont ist, ist in mehr oder minder starker Form auch konstituierendes Element jedes Menschen. So wie jeder einzelne Mensch jeweils betonter diesen oder jenen Aspekt des Weltgrundes durch seine Art zu sein lebt und darstellt, so lebt auch ein jedes Volk in einem umfassenderen Sinne als das bloße Individuum diesen oder jenen Aspekt der Weltwirklichkeit und stirbt den einen oder anderen der Weltunwirklichkeit. Wer die durch alle Völker gelebten Wirklichkeiten und Unwirklichkeiten erfassen könnte, der wüßte, was das Wort Menschheit bedeutet, ja, was die Menschheit ist: ein Zusammenklang vieler Stimmen, in welchem die Ganzheit Gestalt annimmt. Eine dieser Stimmen ist die Lorcas; sie ist nicht nur Ausdruck des Lebensbereiches Spaniens, sondern auch des halben, spanisch sprechenden amerikanischen Kontinentes.

Das folgende Gedicht, eine kleine Ballade, trägt alle Charakteristika des »cante jondo«, der andalusischen Volksdichtung, die weniger deskriptiv als evokativ ist. Sie begnügt sich, ein Bild heraufzurufen, hängt den sich ergebenden Assoziationen nach und reiht, unverbogen durch rationale Überlegungen, an das erste ein zweites und weitere Bilder. Entfernt erinnert diese »Technik« an jene der heutigen »Surrealisten«. Die Unkenntnis der spanischen Folklore hat denn auch

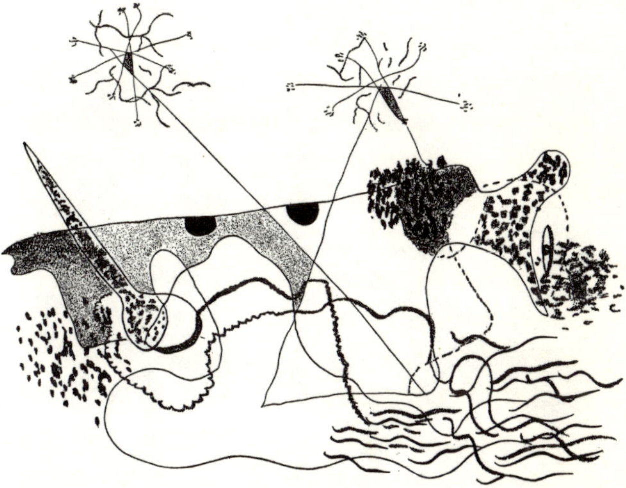

Auge und Windrosen

dazu geführt, daß Lorca als »Surrealist« bezeichnet wurde. Das ist ein Fehlurteil. Das Assoziativ-Bildmäßige ist dem Andalusier echt eingeborenes Element und nicht alexandrinisches Machwerk; bei ihm ist das echt, was bei den anderen erkünstelt ist; bei ihm ist das Natur, was bei den anderen bloße Technik ist. (Übrigens hat der sogenannte Surrealismus eines Picasso die gleiche Wurzel wie der, welcher Lorca fälschlicherweise zugesprochen wird; und wie stets sind es die Nachahmer, die, aus einer genuinen Haltung einen Ismus fabrizierend, die Echtheit der ursprünglichen Haltung verfälschen.)

Guadalquivir, Darro und Genil sind die drei Flüsse, von denen der Dichter in der kleinen Ballade spricht. Dabei ordnet sich die weibliche Zweiheit, die zwei Flüsse Darro und Genil, Granada zu; sie wird der Einheit, die männlich ist, dem Guadalquivir, gegenübergestellt. Granada, seine Geburts- und Sterbestadt,[10] hat Lorca einmal als das »für viele verschlossene Paradies« bezeichnet.[11] Diese Tabu-Erklärung der Stadt seiner Kindheit, die Erhöhung dieser Stadt in den Stand, ja Zustand der Unantastbarkeit und Unerschließbarkeit, welcher der heilige Bereich der Mutter ist, sowie die Tatsache, daß er sich selber als Auserkorenen betrachtet, der dieses Paradieses teilhaftig ist, sind aufschlußreich. Die Ohnmächtigkeit der »toten Türmchen«, wie er Darro und Genil bezeichnet (symbolisch gleichwertig hätte er sie auch als »tote Schlüsselchen« bezeichnen können), sowie der Umstand, daß sie sich über Teichen (oder Zisternen) erheben, über einem in sich begrenzten und abgeschlossenen Bezirk, dem des Wassers, das stets das mütterliche Element war, unterstreichen hier noch den Charakter, den er Granada implicite zuspricht; es ist strukturmäßig für ihn Teil und Ausdruck der Höhlen- und Nachtwelt, also des Reiches der Mütter.

Kleine Ballade von den drei Flüssen

Guadalquivir –
an Orangen und Oliven vorüber.
Die beiden Flüsse Granadas
fließen vom Schnee zum Weizen
hinab.

Ach der Liebe,
die ging und nie wiederkam!

Der Guadalquivir
hat granatrotes Haar.
Die beiden Flüsse Granadas –
der eine Weinen, der andere Blut.

Ach der Liebe,
die im Winde verging!

Für seine Segel
hat Sevilla einen Weg,
auf den Wassern Granadas
rudern nur Seufzer.

Ach der Liebe,
die ging und nie wiederkam.

Guadalquivir, hoher Turm,
und Wind in den Orangenhainen!
Darro und Genil, tote Türmchen
über den Teichen.

Ach der Liebe,
die im Winde verging!

Wer wagt zu sagen, das Wasser trüge
ein Irrlicht aus Schreien –

Ach der Liebe,
die ging und nie wiederkam!

Es trägt Orangenblüten und Oliven
den andalusischen Meeren zu.

Ach der Liebe,
die im Winde verging!

In dieser Ballade kehrt übrigens, wenn auch sehr verborgen, und somit seinem Wesen entsprechend, das acherontische Thema wieder, das in der Zeichnung 12 angetönt ist. Hier klingt es in der dritten und vierten Zeile der ersten Strophe auf. Der Schnee ist (wir werden ihm in diesem Sinne in dem »Lied vom kleinen Tode« nochmals begegnen) Bild jener makellosen Unberührtheit und Unberührbarkeit, jener »über uns« (hier im Gebirge) liegenden anfangs- und zeitlosen Leere, die sich auf der linken Seite der Zeichnung 5 zu erkennen gibt, eine Leere, über die bereits bei der Beschreibung

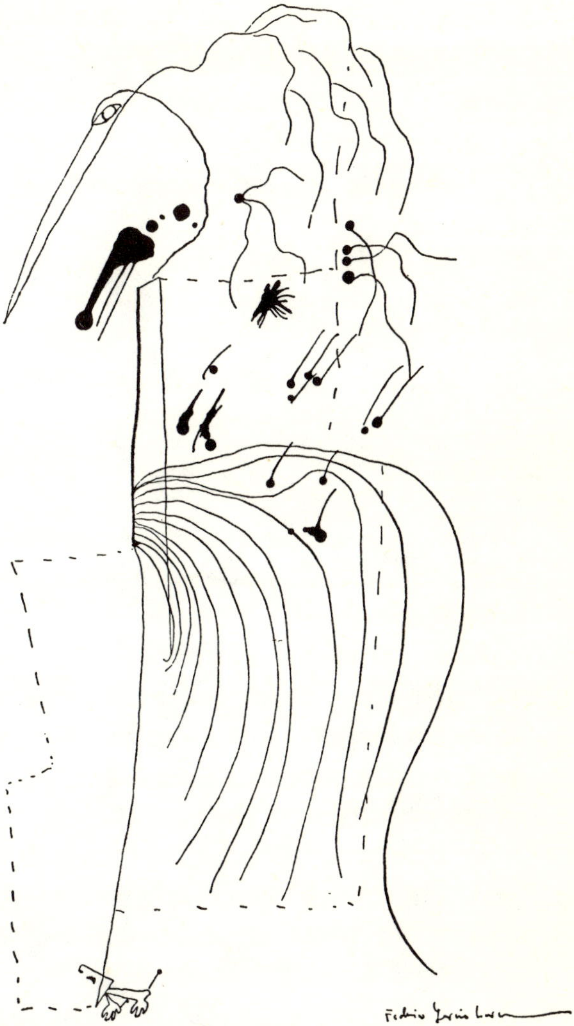

Vogel und Hund

dieser Zeichnung gesprochen wurde. Acherontisches Gepräge tragen »die beiden Flüsse Granadas« insofern, als sie vom »Schnee«, also aus der anfangslosen Leere herabfließen. Denn das Wort »Acheron« hat nicht nur den Sinn »Land, wo man keine Hände hat«, sondern auch den damit implizierten, ein Land ohne Handlung und ohne Geschehen, das Land ohne Zeit, ja das Zeitlose zu sein. Aber im mütterlichen Bereiche, dem des Weizens, des Kornes, das der »Großen Mutter«, der Demeter heilig war, nimmt diese Zeitlosigkeit aufblühend und fruchttragend Gestalt an. Es nährt ja der Acheron, dessen Quelle oder der selber die Quelle der Zeitlosigkeit ist, den unterweltlichen Bereich durchfließend, die unterirdisch gelegene Heimat des Kornes und aller Frucht, über die Demeters Tochter gebietet. Und daß des Menschen Hände die dortigen Wurzeln nachahmen sollten (wie es Lorca in der Schlußzeile der »Kasside vom lichten [dem gewissermaßen schneeweißen] Tode« fordert), wirft neues Licht, besser: wirft neue Dunkelheit auf die Zeichnung der »Abgehauenen Hände«.

Vielleicht grenzt es schon an das Pathetische, das uns nicht nur verdächtig scheint, sondern eine Unfreiheit verrät, wenn wir in dieser Ballade jene Trauer vermuten, die aus der Unvereinbarkeit der offenen Welt mit der geschlossenen Welt entspringt, da, wie es hier der Fall ist, die offene Vater-Welt unerreicht immer im Winde vergeht. Denn die Welt Sevillas und des Guadalquivir ist hier die Vater-Welt im Gegensatz zum Mutter-Reich Granadas und seiner zwei Flüsse. Der Guadalquivir ist Weg, und damit Zeit; er trägt »granatfarbene (feuer- und sonnengoldfarbene) Haare« (Lorca verwendet für »Haar« hier den Plural von »Bart«!), ist also männlich, und trägt Oliven (das Symbol der zeitoffenen Unsterblichkeit) und die Blüte der Orange (der goldenen Frucht Persephone-Koras, das spanische Symbol für die Zwei-Einheit der Ehe) dem offenen Meere zu.

Aus diesen Strophen klingt jene Trauer, die ein Merkmal alles Kreatürlichen ist, und die man mit dem negativen Pathos, nämlich mit der bloßen Traurigkeit jener, die dem Kreatürlichen nicht mehr so nahe sind wie der Spanier, nicht verwechseln sollte. Auch das nachfolgende Gedicht ist dafür Beispiel:

Das Schweigen

Höre, mein Kind, das Schweigen.
Es ist ein Schweigen wie Wellen.
Ein Schweigen,
in welchem Täler und Antworten gleiten,
und das die Stirne ins Neigen bringt
der Erde zu.

Dieses kleine Gedicht, das wie ein Selbstgespräch anmutet, ist (entgegen der Ansicht beispielsweise einiger sogenannter Literatursachverständiger) viel mehr echter Lorca, als mancher denken mag (der wie diese nur eine seiner Zigeuner-Romanzen analysiert). Das Schweigen ist ein der Erde Zugeneigtsein, ist Aufforderung und Ausdruck, sich der Erde zu neigen, jener stummen Erde, deren Schweigen hier Stimme wird. Und es ist bedauerlich, daß Lorca hier und da als »brutal« abgestempelt wird. Gewiß, der Fähigkeit der Hingabe und des Hinhörens, wie sie aus diesem Gedicht spricht, entspricht eine gleich starke, kompensatorische Ausdrucks- und Aussagekraft, die sich aber nicht durch Brutalität, sondern durch Vitalität auszeichnet. Das mißverstandene spanische Element verführt den Nichts-als-Literaten nur allzuleicht dazu, diese Vitalität, die Lorca in dem gleichen Maße eignet wie übrigens Picasso auch, als Brutalität anzuprangern. Der Spanier aber ist nicht brutal, sondern (auf eine zwar bedrohlich isolierte Weise) vital; er kennt zwar das »sentiment«, nicht aber die Sentimentalität. (Oder, wie es bereits anders ausgedrückt wurde: er kennt zwar die Trauer, nicht aber die Traurigkeit.) Und da er die Sentimentalität kennt, kennt er auch das nicht, was ihr die Balance hält: die Brutalität.

In dem nächsten Gedicht strömt auf eine besondere Weise die der Vitalität geschwisterlich entsprechende Todes-Verachtung, die echt spanisch ist, mit einer fast hellsichtigen persönlichen Todes-Ahnung zusammen. Der Spanier, der dem Kreatürlichen so nahe ist, ist damit auch dem Tode näher; er achtet seiner so wenig, wie er des Lebens achtet, weil er weniger lebt, als daß er gelebt wird. Und das Mortale ist in einer solchen Lebensstruktur nichts als die unabänderliche und ergänzende Kehrseite des Vitalen; weder der Tod noch das Leben haben eine

»Parque« (Park)

eigene Gültigkeit, Tod und Leben sind hier in des Wortes ursprünglicher Bedeutung gleich-gültig.

Gebet

Wenn ich sterbe,
begrabt mich mit meiner Gitarre –
tief im Sande.

Wenn ich sterbe
zwischen Minze
und Orangenbäumen.

Wenn ich sterbe,
begrabt mich, wenn ihr wollt,
in einer Wetterfahne.

Wenn ich sterbe!

Aber nicht nur die spanische Nicht-Achtung des Todes spricht aus diesem Gedicht (wie sie ja auch aus jedem Stierkampf spricht; und es ist kein Zufall, daß der größte Stoiker, Seneca, aus Sevilla stammt).

In ihm steht das doppeldeutig erregende »Wenn ich sterbe!«: gleichsam ein Beckenschlag, dessen lang nachschwingender Ton nur langsam ins Schweigen zurücksinkt. (Eine ähnliche Wirkung geht von dem dumpfen Paukenschlag aus, der den »Marche funèbre« von Darius Milhaud ausklingen läßt.) In diesem Gedicht ist ein ahnendes Fragen, da er, der ja nicht lebte, sondern vom mütterlichen Reiche gelebt wurde, nicht starb, sondern gestorben wurde. Ein zitterndes Voraussehen seiner eigenen Todeslandschaft wird hier Wort: denn man erschoß ihn nachts, vor den Toren Granadas, am Wegrand, »zwischen Minze und Orangen«. Je älter Lorca wurde, desto mehr nahm das nächtige Element in seinem Werke Gestalt an. Und gerade eine seiner bekanntesten »Zigeuner-Romanzen« schildert eine nächtige Szene, eine Liebesnacht, mit der unbekümmerten Vitalität und Sensualität, die ihm und seiner Zigeunerart entsprachen:

Die Untreue

Und ich nahm sie zum Flusse,
glaubte, sie wäre ein Mädchen,
doch hatte sie einen Mann.
Es war in der Nacht von Sankt Jakob
und fast ein Stelldichein.
Die Laternen erloschen
und die Heimchen begannen.
An den letzten Straßenecken
berührt ich ihre schlafenden Brüste
und bald blühten sie
mir wie Hyazinthensträuße zu.
Ihr gestärkter Unterrock
klang mir in den Ohren
wie von zehn Messern
aufgeschlitzte Seide.
Ohne Silber in den Wipfeln
schienen die Bäume größer
und ein Horizont von Hunden
bellt sehr fern vom Fluß.

*

Die Brombeeren durchschritten,
die Binsen und die Dornen,
macht' ich im Sand eine Grube
unter ihr dichtes Haar.

Warf die Krawatte weg,
sie ihr Kleid beiseite;
ich den Gurt mit Pistole,
sie die vier Leibchen.
Weder Narden noch Muscheln
sind von so zarter Haut
noch die Fenster im Mond
leuchten mit solchem Glanz.
Ihre Schenkel sind mir entwichen
wie überraschte Fische,
zur Hälfte voller Glut,
zur Hälfte voller Kälte.
Ich ritt in jener Nacht
den besten aller Wege
auf einem Perlmuttfohlen
ohne Zügel, ohne Spor'n.
Niemals, bei meiner Ehre, sag' ich
die Dinge, die sie mir sagte.
Genügend Verstand besitz' ich,
als daß ich davon spräche.
Beschmutzt von Küssen und Sand
nahm ich sie fort vom Fluß.
Die Schwerter der Wasserlilien
kämpften mit dem Winde.

*

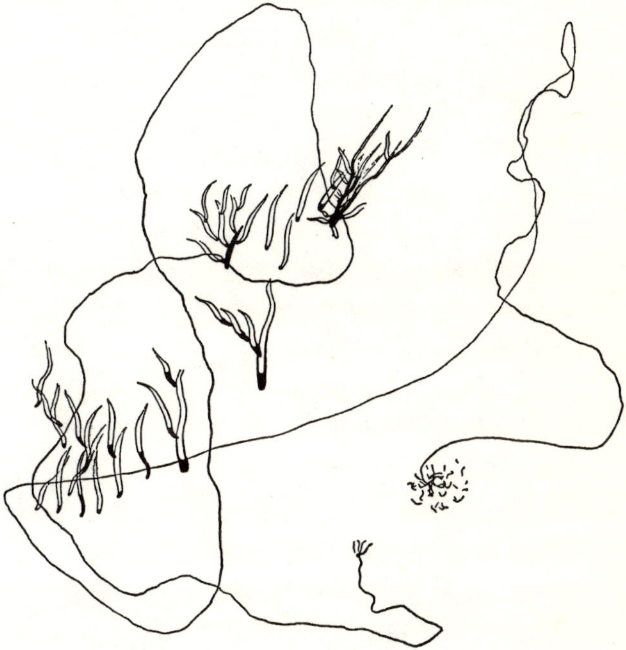

Die Acht

Ich betrug mich auf meine Art.
Wie ein echter Zigeuner.
Ich schenkte ihr einen Nähtisch
und strohfarben glänzende Seide,
und wollte mich nicht verlieben,
denn sie hatte einen Mann
und sagte doch, sie wäre ein Mädchen,
als ich sie zum Flusse nahm.

Schon mit dem beginnenden »Und« ist der Ambient dieser Gedichtform gegeben: das Herausgreifen eines Geschehnisses aus dem Strome des Lebens, die Betonung, daß es aus der anfangs- und endlosen Kette dieser Geschehnisse herausgegriffen ist und sichtbar gemacht wird, so wie der Traum uns bald dieses Bildes und dann jenes aus der nicht abreißenden Kette der seelischen Geschehnisse ansichtig werden läßt. Diese Art des fast mythisch anmutenden Schilderns war ja gerade in jener Zeit, da Lorca diese Romanze schrieb (um 1925) in Europa Mode geworden. So beginnt der mythisch psychisierende Roman »Ulysses« von James Joyce mit dieser charakteristischen »Und«-Stimmung. Ja selbst in der Musik begegnen wir einem solchen Und-Anfang, so im Beginn der Ballettmusik »Der Dreispitz« von Manuel de Falla, die mitten im Hauptthema einsetzt. (Übrigens war es Lorca, der dieses Ballett im Madrider »Teatro Español« als Choreograph zur Aufführung brachte.) Aber nicht nur dieses »Und« ist an dieser Romanze interessant; wenn es auch von allgemeinerer Bedeutung ist, so ist ein anderes Element für Lorca persönlich bedeutsam: daß seine Beziehung einer Frau gilt, an die er sich nicht zu binden braucht: »und wollte mich nicht verlieben«.[12] Wie auch – und hier scheint die Tragik seines Lebens wieder auf – wie auch sollte er sich ver-lieben, da das ja zuerst einmal Ver-lust jener Liebesgeborgenheit einschlösse, die ihm sein Beheimatet- und Gefangensein im Reiche der Mütter gewährleistete. Solche Bindung wäre nur zu leicht zu einer todbedrohten Ent-Bindung geworden. Seine Stärke war die anonyme Bindung zur weiblichen Welt, nicht die persönliche; jene zur Mutter, nicht die zur Frau. Und diese Bindung war ja nicht nur sein Leben, sondern auch sein Tod. Wie sehr dieser Tod, diese »muerte«, zudem seine Selbstbegegnung war, das hat er in einem seiner späten Gedichte verraten. In der Übersetzung freilich wird dies erst dann deutlich, wenn man sich jeweils, wenn das Wort »der Tod« fällt, daran erinnert, daß der Tod im Spanischen »la muerte« heißt, also nicht männlich, sondern weiblich ist:

Das Lied vom kleinen Tode

Tödliche Wiese aus Monden
und Blut unter der Erde.
Wiese aus altem Blut.

Licht von gestern und morgen.
Tödlicher Himmel aus Gras.
Licht, Nacht aus Sand.

Ich bin dem Tode begegnet.
Tödliche Wiese aus Erde.
Ein kleiner Tod.

Der Hund auf dem Dach.
Einsam, meine linke Hand
durchstreifte endlose Berge
vertrockneter Blumen.

Kirche aus Asche.
Licht, Nacht aus Sand.
Ein kleiner Tod.

Ein Tod, und ich, ein Mann.
Ein Mann allein, und er
ein kleiner Tod.

Tödliche Wiese aus Monden.
Der Schnee ächzt und zittert
hinter der Türe.

Ein Mann; was noch? Das
  Genannte.
Ein Mann, allein, und er.
Wiese, Liebe, Licht und Sand.

Die zitierten Gedichte sind für die jeweilige Entstehungszeit (und wir ordneten sie chronologisch wie die Zeichnungen) repräsentativ; ohne unseren Hinweisen Gewalt anzutun, könnte ein jedes durch ein anderes des gleichen Entstehungs-Umkreises ausgetauscht werden. Die Wiederkehr der Stichworte wie: Pferd, Hund, Nacht, Mond und Tod, ist für Lorca – wie weitgehend für

Herzförmiges Antlitz und Pfeilmotiv

jeden Spanier – symptomatisch. Dabei ist es nicht so sehr das jeweilige Wort, sondern der durch das Wort ausgedrückte hintergründige seelische Bezirk, der dem Leser gegenwärtig bleiben sollte, soll sich ihm das reimen, was rational betrachtet ungereimt scheint. Der Reimverzicht der Verse Lorcas ist nicht zufällig. Denn doppelt zu reimen ist unnötig. Doppelt aber würde er reimen, reimte er auch die sichtbaren Worte, da sich das Unsichtbare dieser Worte aufeinander reimt. Als ein weiteres Beispiel dafür möge das folgende Gedicht dienen:

Das Weinen

Ich habe meinen Balkon geschlossen,
ich will das Weinen nicht hören,
doch hinter den grauen Mauern
hört man nichts als das Weinen.
Sehr wenige Engel singen,
sehr wenige Hunde bellen,
tausend Geigen gehen in eine Hand:
aber das Weinen ist ein ungeheuerer
Engel,

das Weinen ist ein ungeheuerer Hund,
das Weinen ist eine ungeheuere Geige,
die Tränen knebeln den Wind,
und man hört nichts als das Weinen.

Man könnte dieses Gedicht fast als die wortgewordene Zeichnung 7 auffassen, zumal der Bezug zwischen Vogel und Engel gewiß ist, insofern beide den Todes-Pol der Seele symbolisieren,[13] von den anderen offensichtlichen Parallelen ganz zu schweigen. Diese Zeichnung drückt zudem gleicherweise wie das Gedicht ein Abgewandtsein von der hellen Seite des Lebens aus: dort ist es die Linksgerichtetheit der Zeichnung, hier ist es die erste Zeile des Gedichtes, welche die Grundstimmung gibt: »Ich habe meinen Balkon geschlossen«, mit anderen Worten: ich habe mich in das Haus, in die Höhle zurückgezogen. Und dort, wo er sich einmal, selten genug, der lichten Seite zuzuwenden scheint, da wird ihm diese lichte Seite zum »lichten Tode«:

Kasside von dem lichten Tode

Ich habe mich oft an das Meer verloren,
das Ohr erfüllt vom Klange kürzlich geschnittener Blumen,
den Mund erfüllt von Liebe und Todeskämpfen
hab' ich mich oft an das Meer verloren,
so wie ich mich an manche Kinderherzen verliere.

Niemanden gibt es, der küssend
nicht das Lächeln der gesichtslosen Leute fühlte,
noch gibt es jemand, der ein Neugeborenes streichelnd,
der unbeweglich toten Pferdeschädel vergäße.

Deshalb suchen die Rosen auf der Stirne
eine harte knöcherne Landschaft
und die Hände der Menschen haben keinen anderen Sinn
als die Wurzeln unter der Erde nachzuahmen.

So wie ich mich an manche Kinderherzen
verliere,
hab' ich mich oft an das Meer verloren.
Unwissend des Wassers gehe ich auf die
Suche
nach einem Tod, einem Licht, das mich
vollendet.

Hier sei angemerkt, daß sich bei der Zeile »Ich habe mich oft an das Meer verloren« für den Spanier sogleich die Erinnerung an die jedem bekannten Verse des Jorge Manrique (1440?–1478) einstellt:

> Nuestras vidas son los ríos
> que van a dar en la mar
> que es el morir . . .
>
> (Unser Leben sind die Flüsse,
> die münden ins Meer,
> das ist das Sterben . . .).

Nur wenn man um die Rolle, besser: um die Bedeutungslosigkeit des Todes weiß, die dieser für den Spanier hat – bedeutungslos

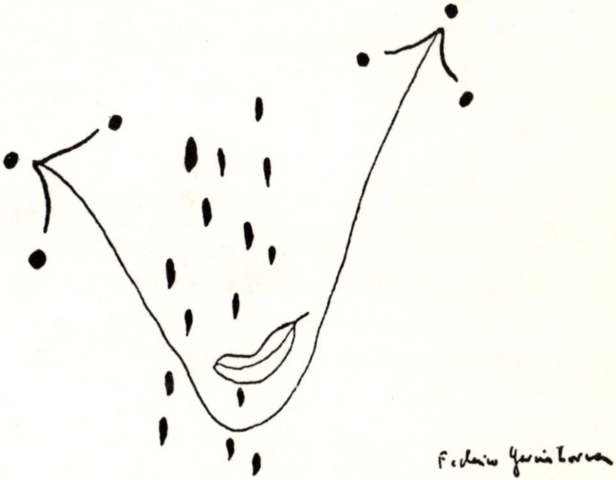

Antlitz und Pfeilmotiv

insofern, als er zufällig ist, was für den rationalen Menschen fast zum Synonym wurde – nur wer um den echten Zufalls-Charakter, um die Unverbindlichkeit weiß, die dem Spanier sowohl Leben wie Tod gleichgültig machen, wird in der spanischen Dichtung das vital-mortale Spannungsfeld erkennen können, wodurch sie nie makaber noch nihilistisch ist. Nihilistisch wird Dichtung (wie jede intensive Äußerung) erst dort, wo ein urgegebenes Phänomen einseitig vergewaltigt wird, wo also aus der Angst vor der bloßen Todesgegebenheit, aus der Angst vor dieser natürlichen und (paradoxerweise:) lebendigen Tatsache eine Affektbindung zum Tode entsteht: die Todesverliebtheit des Nihilisten, seine makabre Todesberauschtheit, die hohle heroische Geste, die auf der anderen Seite durch Sentimentalität aufgewogen wird (insofern man diesen minderwertigen Äußerungsformen ein Gewicht, das aufwiegbar wäre, überhaupt zusprechen darf).

Zum Schluß sei noch ein Gedicht mitgeteilt, das dieser Konfiguration entspricht. Es entwächst dem Gewebe dieses Lebens, das sich in Lorcas letzten Jahren auch im dichterischen Ausdruck der Nachtseite des Lebens, dem Tode, zuwandte, und so ist es eine Totenklage. Und durchaus nicht zufällig ist diese »Klage um Ignacio Sánchez Mejías«, den großen, ihm eng befreundeten Stierfechter, der in der Arena starb, das letzte größere Gedichtwerk, das Lorca selber noch veröffentlicht hat. Uns freilich, die wir es heute lesen, nachdem sich sein Schicksal vollzogen hat und wir des ganzen Schicksalsgewebes ansichtig wurden, muten die folgenden Strophen, die jene »Klage« beschließen, wie der Epitaph an, den Lorca nicht nur seinem Freunde, sondern sich selber schrieb:

Abwesende Seele

Es kennt dich weder der Stier noch der
 Feigenbaum
noch die Pferde noch die Ameisen in deinem Hause.
Es kennt dich weder das Kind noch der
 Nachmittag
denn du bist gestorben für immer.

Es kennt dich die Fläche des Steines nicht
noch die schwarze Seide, in der du vergehst.
Es kennt dich deine stumme Erinnerung
nicht
denn du bist gestorben für immer.

Der Herbst wird kommen mit seinen
Schnecken
mit Nebeltrauben und Hügelgruppen
doch niemand möchte in deine Augen
schaun
denn du bist gestorben für immer.

Weil du für immer gestorben bist
wie alle Toten der Erde – vergessen
in einem Haufen beschwichtigter Hunde.

Nein. Niemand kennt dich. Doch ich will
dich singen.
Ich singe für immer deine Anmut, dein
Antlitz.
Die herrliche Reife deines größeren
Wissens.
Deine Neigung zum Tode, zum Hauch sei-
ner Herbheit.
Die Trauer die deine mutige Freude ent-
hielt.

Viel Zeit wird vergehen bis einer so klar
so reich an Gefahr und Wagnis wie Du
wenn je in Andalusien geboren wird.
Ich singe deine Anmut mit Worten die
seufzen
und gedenke der Oliven im trauernden
Wind.

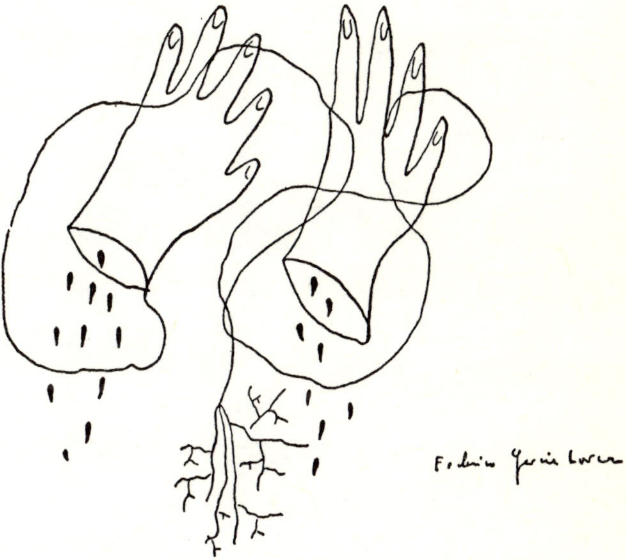

Die abgehauenen Hände

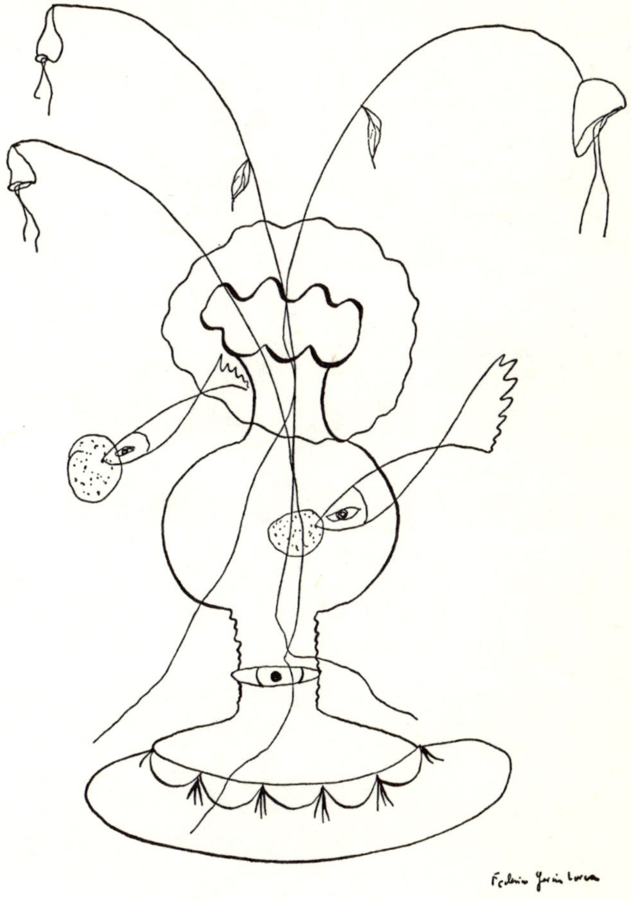

Vignette

Anmerkungen

1 Diese Mitteilung über seine Kindheit verdanke ich einem gemeinsamen Freunde, *Sr. D. Fernando Mariscal*, der Lorca auf sein Universitäts-Examen vorbereitete und der, nur um weniges älter als Lorca, wie dieser aus Granada stammt.

2 Siehe Lorcas Vortrag (La Habanna, 1930) über »Las'nanas' infantiles« in: »Obras completas de *Federico García Lorca*«, Losada, Buenos Aires, 1942, vol. VII, p. 117–139. Eine französische Übersetzung dieses Vortrages unter dem Titel »Berceuses espagnoles« erschien in »Trois conférences de Federico García Lorca, traduits par *Jean Viet*«, Seghers, Paris, 1947, p. 71-99.

3 Mündliche Aussage Lorcas zu *Gerardo Diego;* siehe die von diesem herausgegebenen »Poesía Española, antología 1915–1931«, Signo, Madrid, 1932, pág. 298; wiederholt in der zweiten Ausgabe des gleichen Werkes: »Poesía Española, antología (contemporaneos)«, Signo, Madrid, 1934, pág. 423. Der Originaltext lautet: »Pero ¿qué voy a decir yo de la Poesía?¿ Qué te voy a decir de esas nubes, de ese cielo? Mirar, mirar, mirarles, mirarle y nada más . . . ni tú ni yo ni ningún poeta sabemos lo que es la Poesía. Aquí está: mira.«

4 Siehe dazu *Jean Gebser*, Ursprung und Gegenwart; Deutsche Verlags-Anstalt, Stuttgart, 1949, bzw. Gesamtausgabe, Novalis; Band II, Kap. VI: »Zur Geschichte der Phänomene Seele und Geist.« Dort die Quellen-Angaben (aus den Upanishads, aus Pythagoras, den Orphikern, Plutarch, dem ägyptischen Totenbuch und anderen Texten) über diese alten symbolhaften Bezüge zwischen Tod und Mond.

5 Den Nachweis für die biologische Rolle der »Neun« und das beschriebene Phänomen siehe ebenda, Kap. VII.

6 Ein gemeinsamer Freund von Lorca und mir überliefert diesen Satz Lorcas: »Mi corazón es un poco de agua pura.« Siehe den Aufsatz von *Vicente Aleixandre,* »Federico«, in »Hora de España«, núm. VII. Valencia, Julio 1937, pág. 43–45.

7 Über die Qualität der Zahl »Acht« siehe: »Ursprung und

Gegenwart«, Band I, Kap. III. Dort der Hinweis auf die Beziehungen zwischen Acht und Nacht, die sich in allen europäischen Sprachen wiederholen: huit-nuit, eight-night, otto-notte, ocho-noche etc., wobei das »N« deutlich Verneinungs-Charakter besitzt.

8 Es war *G. d'Orcet*, der in seiner Arbeit »Les Cabires et la Vénus mutilée«, Revue Britannique, février 1880, p. 451, auf diese Symbolik der abgeschnittenen Hände und den Sinn des Wortes »Acheron« hinwies. Eine ähnliche Deutung des Verlustes beider Hände findet sich – als Stillstand im eigenen Handwerk interpretiert – in *Artemidoros'* »Symbolik der Träume«.

9 Über die Qualität der Zahl »Neun« und deren offensichtliche Beziehung zu dem Begriff »Neu« und dem Ursymbol »Ei« siehe »Ursprung und Gegenwart«, Band II, Kap. III. (Vergl.: Neuf-neuf (9)-œuf, im Französischen; novum-novem-ovum, im Lateinischen etc.)

10 Lorca wurde 1899 in Fuentevaqueros (Provinz Granada) geboren (gewissermaßen vor den Toren Granadas, wie er auch vor den Toren dieser Stadt starb). Da er seine Jugend in Granada verlebte, dem seine Liebe galt, spreche ich von dieser Stadt im metaphorischen Sinne als von seiner Geburts-Stadt.

11 Siehe *Federico García Lorca*, Obras Completas, Tomo VIII; Ediciones Losada, Buenos Aires, 1946, pag. 143–149: »Granada (Paraíso cerrado para muchos)«. Dieser Essay wurde erstmals 1937 in Valencia veröffentlicht; eine Übersetzung ins Französische wurde 1938 in der Zeitschrift *»Verve«* publiziert (siehe die Nr. 6 unserer »Bibliographie der Publikationen mit Zeichnungen von Federico García Lorca« in diesem Buche).

12 Ich bin mir der Gefahr bewußt, die jede psychologisierende Deutung in sich schließt. Ich würde sie hier nicht wagen, hätte ich Lorca und seinen Lebenskreis nicht selber gekannt. Mit meiner Interpretation will ich jedoch nicht behaupten, daß er in dieser Romanze ein eigenes Erlebnis schilderte. Jedoch ist es zumindest symptomatisch, daß er gerade dieses Thema in der Ichform aufgriff und nicht ein anderes. – Ergänzend sei hier noch angemerkt, daß ich mir nicht nur der Gefahren bewußt bin, welche jede psychologische Deutung läuft, sondern auch

gerade jener, die jeder Ausmünzung symbolhafter Bezüge innewohnen. Deshalb beschränkte ich mich durchaus auf bloße Andeutungen und sah weitgehend von fixierenden Deutungen ab. Mir ist jene Fehldeutung eines der heute wohl bekanntesten Tiefenpsychologen Warnung genug, der, Picassos Werk analysierend, auf seine Nachtfarben und der ihnen angeblich innewohnenden Chaotik verwies, eine Deutung, die durch Picassos Jahre zuvor geäußerte Worte: »Si je n'ai pas du rouge, je prends du bleu« (»Wenn ich kein Rot habe, so nehme ich Blau«) auf eine zumindest doppeldeutige Art von vornherein desavouiert war.

13 Über die Symbolik des Todes-Poles der Seele und ihre nachhaltige Wirksamkeit bis in unsere Tage; siehe »Ursprung und Gegenwart«, Band II, Kap. VI.

392 Heinrich Mann, Die kleine Stadt
393 Wolfgang Koeppen, Tauben im Gras
394 Cesare Pavese, Das Handwerk des Lebens
395 Theodor W. Adorno, Noten zur Literatur IV
397 Ferruccio Busoni, Entwurf einer neuen Ästhetik der Tonkunst
398 Ernst Bloch, Zur Philosophie der Musik
399 Oscar Wilde, Die romantische Renaissance
400 Marcel Proust, Tage des Lesens
402 Paul Nizan, Das Leben des Antoine B.
403 Hermann Heimpel, Die halbe Violine
404 Octavio Paz, Das Labyrinth der Einsamkeit
405 Stanisław Lem, Das Hohe Schloß
406 André Breton, Nadja
407 Walter Benjamin, Denkbilder
408 Mircea Eliade, Die Sehnsucht nach dem Ursprung
409 Rainer Maria Rilke, Über Dichtung und Kunst
410 Ödön von Horváth, Italienische Nacht
411 Jorge Guillén, Ausgewählte Gedichte
412 Paul Celan, Gedichte I
413 Paul Celan, Gedichte II
414 Rainer Maria Rilke, Das Testament
415 Thomas Bernhard, Die Macht der Gewohnheit
416 Zbigniew Herbert, Herr Cogito
417 Wolfgang Hildesheimer, Hauskauf
418 James Joyce, Dubliner
419 Carl Einstein, Bebuquin
420 Georg Trakl, Gedichte
421 Günter Eich, Katharina
422 Alejo Carpentier, Das Reich von dieser Welt
423 Albert Camus, Jonas
424 Jesse Thoor, Gedichte
425 T. S. Eliot, Das wüste Land
426 Carlo Emilio Gadda, Die Erkenntnis des Schmerzes
427 Michel Leiris, Mannesalter
428 Hermann Lenz, Der Kutscher
429 Mircea Eliade, Das Mädchen Maitreyi
430 Ramón del Valle-Inclán, Tyrann Banderas
431 Raymond Queneau, Zazie in der Metro
432 Rainer Maria Rilke, Briefe zur Politik
433 William Butler Yeats, Die geheime Rose
434 Juan Rulfo, Pedro Páramo
435 André Breton, L'Amour fou
436 Marie Luise Kaschnitz, Gedichte
437 Jerzy Szaniawski, Der weiße Rabe
438 Ludwig Hohl, Nuancen und Details
439 Mario Vargas Llosa, Die kleinen Hunde
440 Thomas Bernhard, Der Präsident

441 Hermann Hesse – Thomas Mann, Briefwechsel
442 Hugo Ball, Flametti
443 Adolfo Bioy-Casares, Morels Erfindung
444 Hermann Hesse, Wanderung
445 Ödön von Horváth, Don Juan
446 Flann O'Brien, Der dritte Polizist
447 Giuseppe Tomasi di Lampedusa, Der Leopard
448 Robert Musil, Törleß
449 Elias Canetti, Der Überlebende
450 Robert Walser, Geschwister Tanner
451 Alfred Döblin, Berlin Alexanderplatz
452 Gertrude Stein, Paris Frankreich
453 Johannes R. Becher, Gedichte
454 Federico García Lorca, Bluthochzeit/Yerma
455 Ilja Ehrenburg, Julio Jurenito
456 Boris Pasternak, Kontra-Oktave
457 Juan Carlos Onetti, Die Werft
458 Anna Seghers, Die schönsten Sagen vom Räuber Woynok
459 Harry Levin, James Joyce
464 Franz Kafka, Der Heizer
465 Wolfgang Hildesheimer, Masante
466 Evelyn Waugh, Wiedersehen mit Brideshead
467 Gershom Scholem, Walter Benjamin
468 Rainer Maria Rilke, Duineser Elegien
469 Hugo von Hofmannsthal/Rainer Maria Rilke, Briefwechsel
470 Alain, Die Pflicht glücklich zu sein
471 Wolfgang Schadewaldt, Der Gott von Delphi
472 Hermann Hesse, Legenden
473 H. C. Artmann, Gedichte
474 Paul Valéry, Zur Theorie der Dichtkunst
476 Erhart Kästner, Aufstand der Dinge
477 Stanisław Lem, Der futurologische Kongreß
478 Theodor Haecker, Tag- und Nachtbücher
479 Peter Szondi, Satz und Gegensatz
480 Tania Blixen, Babettes Gastmahl
481 Friedo Lampe, Septembergewitter
482 Heinrich Zimmer, Kunstform und Yoga
483 Hermann Hesse, Musik
486 Marie Luise Kaschnitz, Orte
487 Hans-Georg Gadamer, Vernunft im Zeitalter der Wissenschaft
488 Yukio Mishima, Nach dem Bankett
489 Thomas Bernhard, Amras
490 Robert Walser, Der Gehülfe
491 Patricia Highsmith, Als die Flotte im Hafen lag
492 Julien Green, Der Geisterseher
493 Stefan Zweig, Die Monotonisierung der Welt
494 Samuel Beckett, That Time/Damals

495 Thomas Bernhard, Die Berühmten
496 Günter Eich, Marionettenspiele
497 August Strindberg, Am offenen Meer
498 Joseph Roth, Die Legende vom heiligen Trinker
499 Hermann Lenz, Dame und Scharfrichter
500 Wolfgang Koeppen, Jugend
501 Andrej Belyj, Petersburg
503 Cortázar, Geschichten der Cronopien und Famen
504 Juan Rulfo, Der Llano in Flammen
505 Carlos Fuentes, Zwei Novellen
506 Augusto Roa Bastos, Menschensohn
508 Alejo Carpentier, Barockkonzert
509 Elisabeth Borchers, Gedichte
510 Jurek Becker, Jakob der Lügner
512 James Joyce, Die Toten/The Dead
513 August Strindberg, Fräulein Julie
514 Sigmund Freud, Eine Kindheitserinnerung des Leonardo da Vinci
515 Robert Walser, Jakob von Gunten
517 Luigi Pirandello, Mattia Pascal
519 Rainer Maria Rilke, Gedichte an die Nacht
520 Else Lasker-Schüler, Mein Herz
521 Marcel Schwob, 22 Lebensläufe
522 Mircea Eliade, Die Pelerine
523 Hans Erich Nossack, Der Untergang
524 Jerzy Andrzejewski, Jetzt kommt über dich das Ende
525 Günter Eich, Aus dem Chinesischen
526 Gustaf Gründgens, Wirklichkeit des Theaters
527 Martin Walser, Ehen in Philippsburg
528 René Schickele, Die Flaschenpost
529 Flann O'Brien, Das Barmen
533 Wolfgang Hildesheimer, Biosphärenklänge
534 Ingeborg Bachmann, Malina
535 Ludwig Wittgenstein, Vermischte Bemerkungen
536 Zbigniew Herbert, Ein Barbar in einem Garten
537 Rainer Maria Rilke, Ewald Tragy
538 Robert Walser, Die Rose
539 Malcolm Lowry, Die letzte Adresse
540 Boris Vian, Die Gischt der Tage
541 Hermann Hesse, Josef Knechts Lebensläufe
542 Hermann Hesse, Magie des Buches
543 Hermann Lenz, Spiegelhütte
544 Federico García Lorca, Gedichte
545 Ricarda Huch, Der letzte Sommer
546 Wilhelm Lehmann, Gedichte
547 Walter Benjamin, Deutsche Menschen
548 Bohumil Hrabal, Tanzstunden für Erwachsene und Fortgeschrittene

549 Nelly Sachs, Gedichte
550 Ernst Penzoldt, Kleiner Erdenwurm
551 Octavio Paz, Gedichte
552 Luigi Pirandello, Einer, Keiner, Hunderttausend
553 Strindberg, Traumspiel
554 Carl Seelig, Wanderungen mit Robert Walser
555 Gershom Scholem, Von Berlin nach Jerusalem
556 Thomas Bernhard, Immanuel Kant
557 Ludwig Hohl, Varia
559 Raymond Roussel, Locus Solus
560 Jean Gebser, Rilke und Spanien
561 Stanisław Lem, Die Maske · Herr F.
562 Raymond Chandler, Straßenbekanntschaft Noon Street
563 Konstantin Paustowskij, Erzählungen vom Leben
564 Rudolf Kassner, Zahl und Gesicht
565 Hugo von Hofmannsthal, Das Salzburger große Welttheater
567 Siegfried Kracauer, Georg
568 Valery Larbaud, Glückliche Liebende . . .
570 Graciliano Ramos, Angst
571 Karl Kraus, Über die Sprache
572 Rudolf Alexander Schröder, Ausgewählte Gedichte
573 Hans Carossa, Rumänisches Tagebuch
574 Marcel Proust, Combray
575 Theodor W. Adorno, Berg
576 Vladislav Vančura, Der Bäcker Jan Marhoul
577 Mircea Eliade, Die drei Grazien
578 Georg Kaiser, Villa Aurea
580 Elias Canetti, Aufzeichnungen
581 Max Frisch, Montauk
582 Samuel Beckett, Um abermals zu enden
583 Mao Tse-tung, 39 Gedichte
584 Ernst Kreuder, Die Gesellschaft vom Dachboden
585 Peter Weiss, Der Schatten des Körpers des Kutschers
586 Herman Bang, Das weiße Haus
587 Herman Bang, Das graue Haus
588 Hermann Broch, Menschenrecht und Demokratie
589 D. H. Lawrence, Auferstehungsgeschichte
590 O'Brien, Zwei Vögel beim Schwimmen
591 André Gide, Die Rückkehr des verlorenen Sohnes
592 Jean Gebser, Lorca oder das Reich der Mütter
593 Robert Walser, Der Spaziergang
594 Natalia Ginzburg, Caro Michele
595 Rachel de Queiroz, Das Jahr 15
596 Hans Carossa, Ausgewählte Gedichte
600 Thomas Bernhard, Ja
611 Wladimir Trendrjakow, Die Nacht nach der Entlassung
624 Ludwig Hohl, Bergfahrt

Bibliothek Suhrkamp

Alphabetisches Verzeichnis